An Píobaire Breac

John Holder *a mhaisigh*

Treasa Ní Ailpín *a rinne an leagan Gaeilge*

G AN GÚM
Baile Átha Cliath

I mbaile álainn Hamelin bhí gach duine sona sásta.

Bhí na hainmhithe sona sásta freisin.

4

Ach lá amháin tháinig ainmhithe gránna go dtí an baile álainn.

'Francaigh!' a bhéic muintir Hamelin.

'Francaigh! Francaigh! Beimid scriosta ag na francaigh ghránna.'

7

Bhí gach duine trína chéile.

Léim na francaigh ghránna
ar na boird.

Léim siad ar na cathaoireacha.

Léim siad ar na leapacha.

D'ith siad an chruithneacht
agus an t-arán agus na cístí.

Bhí eagla ar na páistí
dul a chodladh.

Bhí eagla ar na páistí
dul amach ag súgradh.

Bhí eagla orthu
dul ar scoil.

Bhí muintir Hamelin
trína chéile.

Bhéic siad ar an Méara.

'Beimid scriosta, a Mhéara!

'Caithfidh tusa
an ruaig a chur
ar na francaigh ghránna seo.'

'A chairde,' arsa an Méara,
'níl mé in ann an ruaig a chur
ar na francaigh ghránna.
Ach tá mála óir agam
don duine atá in ann
é a dhéanamh.'

'Mála óir!' arsa an Píobaire Breac.

'A Mhéara, tá mise in ann
an ruaig a chur
ar na francaigh ghránna sin.'

'Déan é,' arsa an Méara,
'agus beidh an mála óir
agam duit.'

17

Amach leis an bPíobaire
ar an tsráid.

Chuir sé a phíb lena bhéal.

Sheinn sé ceol éadrom ard.

Sheas na daoine.

D'éist na francaigh.

19

Thosaigh an Píobaire ag siúl.

Lean francach amháin é.
Lean ceann eile é agus ceann eile.

Tháinig na francaigh anuas de na
boird, anuas de na cathaoireacha,
anuas de na leapacha.

Lean siad an ceol. Lean siad
an Píobaire.

Síos an tsráid leis an bPíobaire –
síos, síos go dtí an abhainn.

Lean na francaigh é.

Léim siad isteach san abhainn
agus bádh iad.

Bádh gach ceann de na francaigh
ghránna sin.

23

'Caithfidh mé imeacht anois,'
arsa an Píobaire leis an Méara.

'Tabhair dom an mála óir,
le do thoil.'

'Níl mála óir agam,'
arsa an Méara.

'Níl aon ór agam duit.'

25

'Gheall tú mála óir dom,'
arsa an Píobaire
leis an Méara.

'Bhris tú do gheall.
Beidh brón ort.
Beidh brón mór ort.'

27

Amach leis an bPíobaire
ar an tsráid.

Chuir sé a phíb lena bhéal.

Sheinn sé ceol éadrom meidhreach.

Amach ar an tsráid leis na páistí.

29

Lean siad an ceol meidhreach.

Lean siad an Píobaire.

Bhéic na daoine agus scread siad:

'Stopaigí, a pháistí! Stopaigí!
Tagaigí ar ais!'

Ach níor éist na páistí leo.

31

Amach as baile Hamelin
leis an bPíobaire Breac.

Lean na páistí é.

Suas, suas an cnoc leo.

D'oscail an cnoc rompu.

Chonaic na páistí tír álainn.

Ar aghaidh leis an bPíobaire.

Ar aghaidh leis na páistí.

35

Chonaic Seáinín bacach an cnoc
ag oscailt.

Chonaic sé an tír álainn
ach dhún an cnoc roimhe.

Bhí sé ródhéanach.

Bhí a chairde imithe
isteach sa chnoc.

37

'Ó bhó, bhó!' arsa an Méara,
'tá na páistí imithe.'

'Tá,' arsa Seáinín.
'Tá mo chairde imithe
leis an bPíobaire Breac.'

Scread muintir an bhaile
agus bhéic siad ar an Méara.

'Cá bhfuil na páistí?
Cá bhfuil na páistí?

Caithfidh tú imeacht
agus na páistí a fháil.'

'Ó bhó, bhó,' arsa an Méara,
'caithfidh mé na páistí
a fháil ar ais.

Ach cá bhfuil an tír álainn
a chonaic Seáinín
fadó, fadó?

Maidir leis an tsraith seo leabhar

Leaganacha simplí de sheanscéalta atá sa tsraith seo leabhar a scríobhadh do pháistí atá ag foghlaim na léitheoireachta.

Oireann na leabhair seo do pháistí a bhfuil roinnt focal simplí ar eolas acu agus atá ábalta abairtí gearra a léamh cheana féin. Cuideoidh an t-athrá leo líofacht a bhaint amach sa léitheoireacht. Spreagfaidh na pictiúir spéis na bpáistí sa scéal agus cuideoidh siad leo an téacs a thuiscint.

De réir mar a rachaidh páistí trí na leabhair aithneoidh siad na focail agus na habairtí atá á n-athrá. Is féidir le duine fásta cuidiú leo trína n-aird a tharraingt ar thúslitreacha na bhfocal agus trí fhuaim na litreacha a dhéanamh dóibh. Foghlaimeoidh na páistí na fuaimeanna de réir a chéile.

Teastaíonn cuidiú agus spreagadh ó léitheoirí nua.